AF218822

Impressum
Verlag: BABADADA GmbH, Nedderfeld 112 , 22529 Hamburg
Geschäftsführer / Verlagsleitung: Harald Hof
Druck: Books on Demand GmbH, In de Tarpen 42, 22848 Norderstedt

Imprint
Publisher: BABADADA GmbH, Nedderfeld 112 , 22529 Hamburg, Germany
Managing Director / Publishing direction: Harald Hof
Print: Books on Demand GmbH, In de Tarpen 42, 22848 Norderstedt, Germany

de School

skola

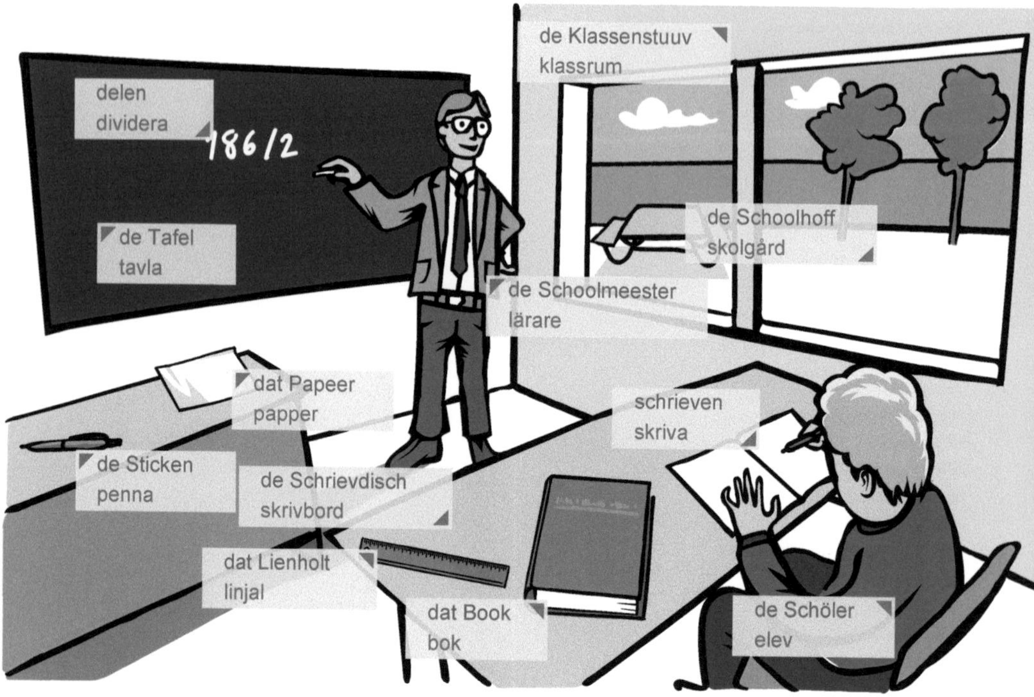
de Klassenstuuv
klassrum
delen
dividera
186/2
de Tafel
tavla
de Schoolhoff
skolgård
de Schoolmeester
lärare
dat Papeer
papper
schrieven
skriva
de Sticken
penna
de Schrievdisch
skrivbord
dat Lienholt
linjal
dat Book
bok
de Schöler
elev

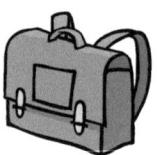

de Ranzel
skolväska

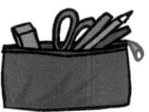

de Feddermapp
pennfodral

de Bleesticken
blyertspenna

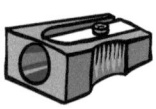

de Scharpmaker
pennvässare

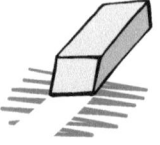

dat Radeergummi
suddgummi

de Tekenblock
ritblock

de Teken

teckning

de Pinsel

pensel

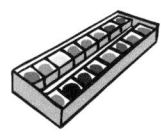

de Malkassen

målarlåda

de Scheer

sax

de Klever

lim

dat Heft to'n Öven

övningsbok

de Huusopgaav

hemläxa

de Tall

tal

2+2

tohooptellen

addera

5-2

aftrecken

subtrahera

2×2

malnehmen

multiplicera

reken

räkna

A

de Bookstaav

bokstav

ABCDEFG
HIJKLMN
OPQRSTU
VWXYZ

dat ABC

alfabet

hello

dat Woort

ord

de Text

text

lesen

läsa

de Kried

krita

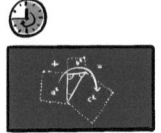

de Stunn

lektion

dat Klassenbook

register

de Pröven

prov

dat Tüügnis

intyg

de Schooluniform

skoluniform

de Utbillen

utbildning

dat Nakieksel

uppslagsverk

de Universität

universitet

dat Mikroskop

mikroskop

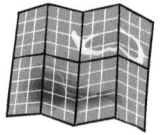

de Koort

karta

de Papeerkorf

papperskorg

de School - skola

dat Hotel
hotell

Grand

de Harbarg
vandrarhem

ROOMS

de Wesselstuuv
växelkontor

EXCHANGE

de Kuffer
resväska

dat Auto
bil

de Spraak
språk

jo / ne
ja / nej

Jo
Okay

Moin
hej

de Översetter
översättare

Dank ok
Tack

Wat kost...?

hur mycket kostar...?

Ik verstah nich

jag förstår inte

dat Problem

problem

Goden Avend

God kväll!

Moin!

God morgon!

Gode Nacht!

God natt!

Tschüüs

hejdå

de Richt

riktning

de Bagaasch

bagage

de Tasch

väska

de Rüchsack

ryggsäck

de Gast

gäst

de Stuuv

rum

de Slaapsack

sovsäck

dat Telt

tält

de Touristeninformatschoon

turistinformation

de Strand

strand

de Kreditkoort

kreditkort

dat Fröhstück

frukost

dat Meddageten

lunch

dat Avendeten

middag

de Fohrkort

biljett

de Fohrstohl

hiss

de Breefmark

frimärke

de Grenz

gräns

de Toll

tull

de Bottschop

ambassad

dat Visum

visum

de Pass

pass

de Transport
transport

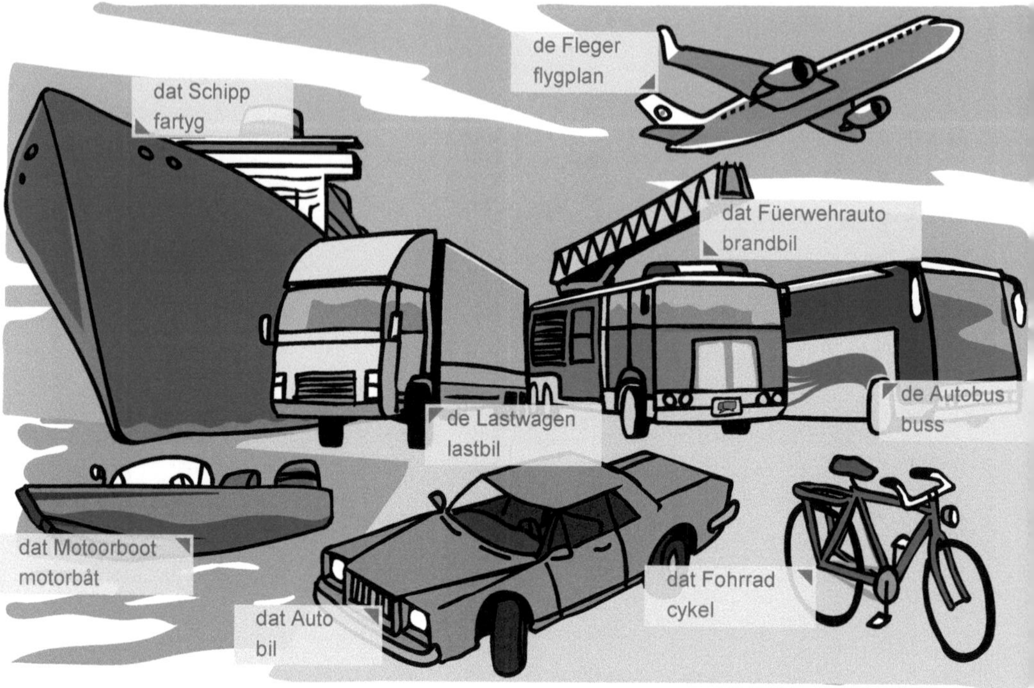

de Fleger
flygplan

dat Schipp
fartyg

dat Füerwehrauto
brandbil

de Autobus
buss

de Lastwagen
lastbil

dat Motoorboot
motorbåt

dat Auto
bil

dat Fohrrad
cykel

de Fähr

färja

dat Boot

båt

dat Motoorrad

motorcykel

dat Polizeiauto

polisbil

dat Rönnauto

racerbil

de Lehnwagen

hyrbil

dat Carsharing

bilpool

de Afsleepwagen

bärgningsbil

dat Müllauto

sopbil

de Motoor

motor

de Kraftstoff

bränsle

de Tanksteed

bensinstation

dat Verkehrsschild

vägmärke

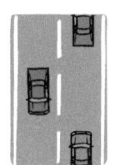

de Verkehr

trafik

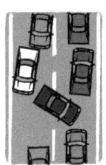

de Stau

bilkö

de Afstellplatz

parkeringsplats

de Bahnhoff

tågstation

de Sporen

räls

de Tog

tåg

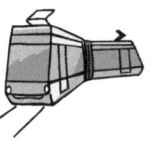

de Stratenbahn

spårvagn

de Wagon

vagn

de Dwarsmöhl

helikopter

de Flooghaven

flygplats

de Tower

torn

de Fohrgast

passagerare

de Grootkist

container

de Karton

kartong

de Koor

vagn

de Korf

korg

starten / lannen

starta / landa

de Stadt
stad

dat Dörp

by

de Binnenstadt

centrum

dat Huus

hus

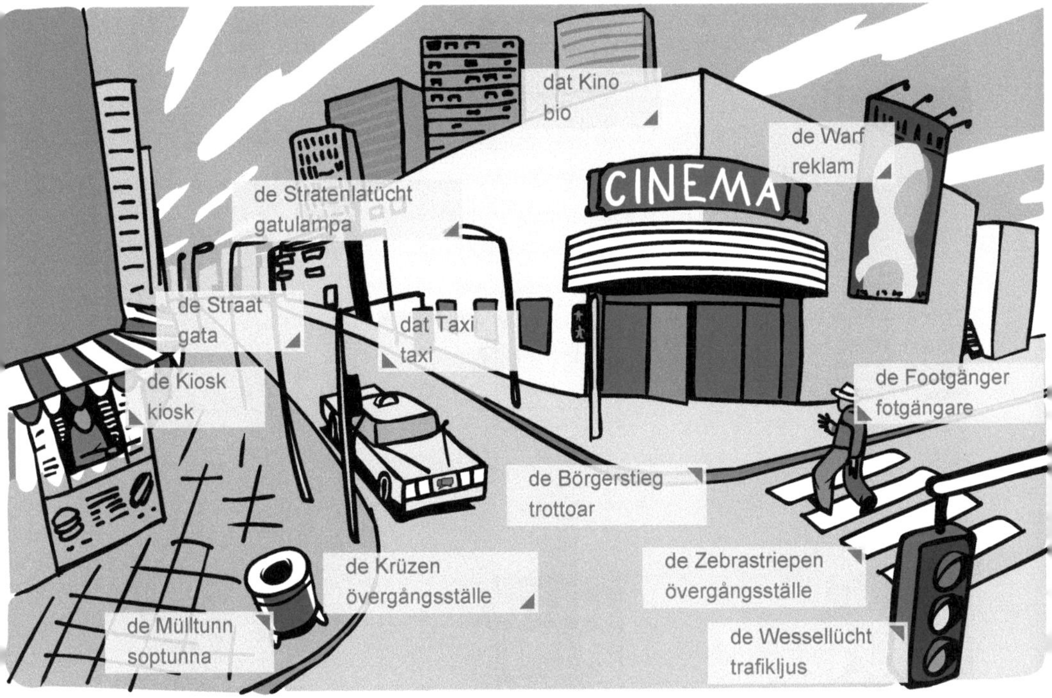
dat Kino
bio
de Warf
reklam
CINEMA
de Stratenlatücht
gatulampa
de Straat
gata
dat Taxi
taxi
de Kiosk
kiosk
de Footgänger
fotgängare
de Börgerstieg
trottoar
de Krüzen
övergångsställe
de Zebrastriepen
övergångsställe
de Mülltunn
soptunna
de Wessellücht
trafikljus

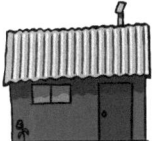

de Hütt

stuga

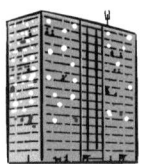

de Wahnung

lägenhet

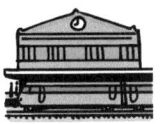

de Bahnhoff

tågstation

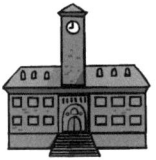

dat Raathuus

stadshus

MUSEUM

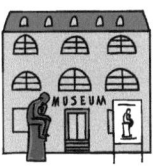

dat Museum

museum

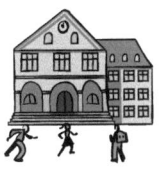

de School

skola

de Universität
universitet

de Bank
bank

dat Krankenhuus
sjukhus

dat Hotel
hotell

de Afteek
apotek

dat Büro
kontor

de Bookhökerie
bokhandel

de Hökerie
affär

de Blomenhökerie
blomsterbutik

de Supermarkt
stormarknad

de Markt
marknad

dat Koophuus
varuhus

de Fischhökerie
fiskhandlare

dat Inkoopszentrum
köpcentrum

de Haven
hamn

de Parkanlaag

park

de Bank

bänk

de Brüch

brygga

de Trepp

trappa

de Ünnergrundbahn

tunnelbana

de Tunnel

tunnel

de Busstoppsteed

busshållplats

de Bar

bar

dat Spieslokal

restaurang

de Breefkassen

brevlåda

dat Stratenschild

gatuskylt

de Parkklock

parkeringsautomat

de Deertenpark

zoo

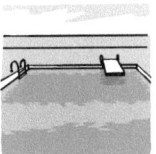

de Baadanstalt

simbassäng

de Moschee

moské

de Buernhoff
bondgård

de Ümweltversmudden
förorening

de Karkhoff
kyrkogård

de Kark
kyrka

de Speelplatz
lekplats

de Tempel
tempel

de Landschop
landskap

dat Blatt
löv

de Wiespahl
vägskylt

de Weg
väg

de Wisch
äng

de Steen
sten

de Wannerer
liftare

de Boom
träd

de Fluss
flod

dat Gras
gräs

de Bloom
blomma

dat Daal
dal

de Barg
kulle

de See
sjö

dat Holt
skog

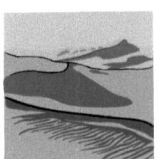

de Wööst
öken

de Füerspien Barg
vulkan

dat Slott
slott

de Regenbagen
regnbåge

de Poggenstohl
svamp

de Palm
palm

de Steekmück
mygga

de Fleeg
fluga

de Miegeemk
myra

de Imm
bi

de Spinn
spindel

de Sebber

skalbagge

de Pogg

groda

de Katteker

ekorre

de Swienegel

igelkott

de Haas

hare

de Uul

uggla

de Vagel

fågel

de Swaan

svan

dat Wildswien

vildsvin

de Hirsch

rådjur

de Elk

älg

de Staudamm

damm

dat Windrad

vindkraftverk

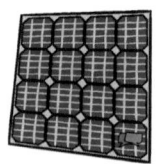

dat Solarmodul

solcellspanel

dat Klima

klimat

dat Spieslokal
restaurang

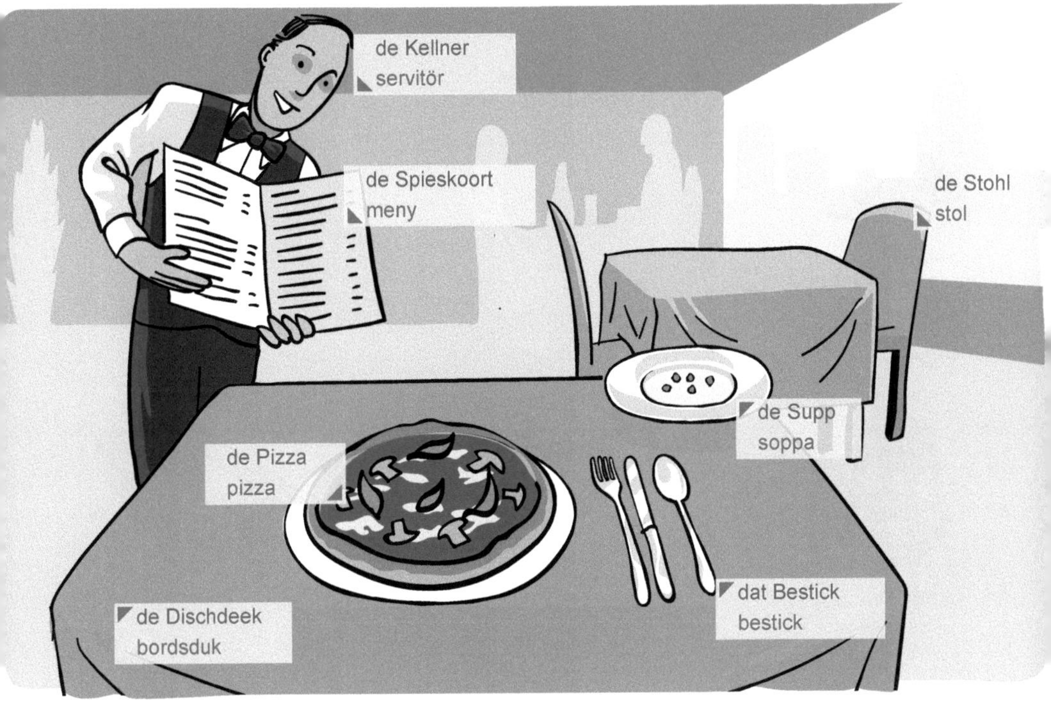
de Kellner
servitör
de Spieskoort
meny
de Stohl
stol
de Supp
soppa
de Pizza
pizza
dat Bestick
bestick
de Dischdeek
bordsduk

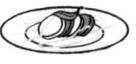

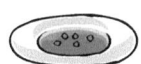

de Vörspies

förrätt

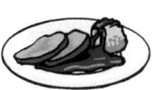

dat Haupteten

huvudrätt

de Nadisch

dessert

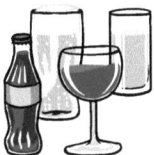

de Drünk

drycker

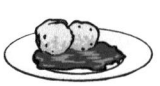

dat Eten

mat

de Buddel

flaska

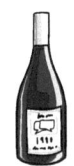

dat Fastfood

snabbmat

dat Strateneten

street food

de Teekann

tekanna

de Zuckerdoos

sockerskål

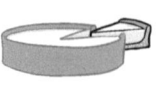

de Portschoon

portion

de Espressomaschien

espressomaskin

de Hoochstohl

barnstol

de Reken

räkning

dat Tablett

bricka

dat Mess

kniv

de Gavel

gaffel

de Lepel

sked

de Teelepel

tesked

dat Munddook

servett

dat Glas

glas

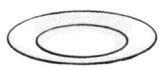

de Töller

tallrik

de Suppentöller

sopptallrik

de Ünnertass

tefat

de Sooß

sås

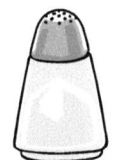

de Soltstreuer

saltkar

de Pepermöhl

pepparkvarn

de Etig

vinäger

dat Ööl

olja

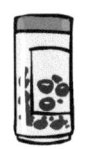

de Krüder

kryddor

de Ketchup

ketchup

de Mostrich

senap

de Mayonnaise

majonnäs

de Supermarkt
stormarknad

dat Anbott
specialerbjudande
FOR
de Kunn
kund
de Melkprodukten
mejeriprodukter
dat Aaft
frukt
de Inkoopswagen
varukorg

BUTCHERS

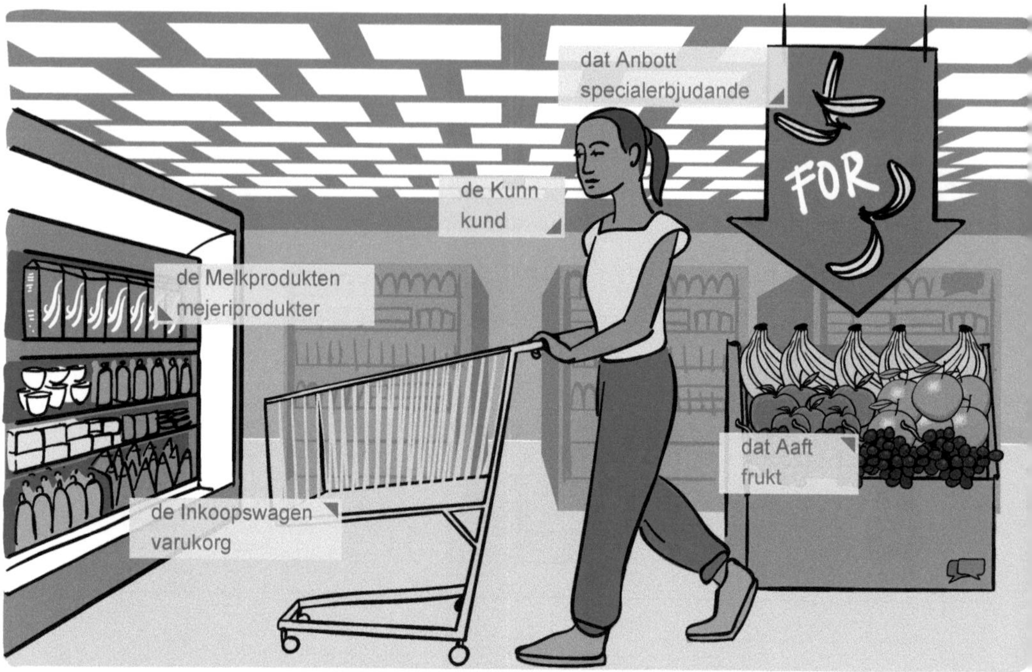

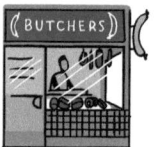

de Slachterie

charkuteri

BAKERY

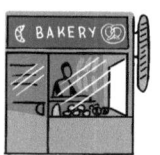

de Bäckerie

bageri

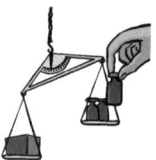

wegen

väga

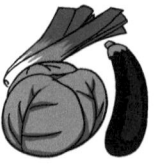

de Gröönsaken

grönsaker

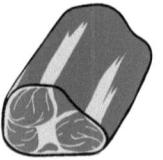

dat Fleesch

kött

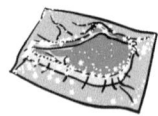

de Deepköhlkost

frysta livsmedel

de Opsnitt

pålägg

de Konserven

konserver

de Waschmiddel

tvättmedel

de Snoopkraam

godis

de Huushooltssaken

hushållsprodukter

de Reinmaaktüüch

rengöringsmedel

de Verköpersche

försäljare

de Kass

kassa

de Kasserer

kassör

de Inkoopslist

inköpslista

de Opsparrtieden

öppettider

de Breeftasch

plånbok

de Kreditkoort

kreditkort

de Tasch

väska

de Plastiktüüt

plastpåse

de Supermarkt - stormarknad

dat Water

vatten

de Saft

juice

de Melk

mjölk

de Cola

cola

de Wien

vin

dat Beer

öl

de Spriet

alkohol

de Kakao

kakao

de Tee

te

de Koffie

kaffe

de Espresso

espresso

de Cappucino

cappuccino

de Banaan

banan

de Appel

äpple

de Appelsien

apelsin

de Meloon

melon

de Zitroon

citron

de Wöttel

morot

de Knuuvlook

vitlök

de Bambus

bambu

de Zibbel

lök

de Poggenstohl

svamp

de Nööt

nötter

de Nudeln

nudlar

de Spaghetti

spaghetti

de Ries

ris

de Salat

sallad

de Pommes frites

pommes frites

de Braadkantüffeln

stekt potatis

de Pizza

pizza

de Hamborger

hamburgare

dat Sandwich

smörgås

dat Snitzel

schnitzel

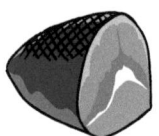

de Schinken

skinka

de Salami

salami

de Wust

korv

dat Hohn

kyckling

de Braden

stek

de Fisch

fisk

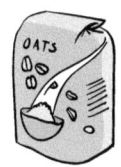

de Haverflocken

havregryn

dat Müsli

müsli

de Cornflakes

cornflakes

dat Mehl

mjöl

de Croissant

croissant

dat Rundstück

fralla

dat Broot

bröd

dat Toast

rostat bröd

de Keksen

kex

de Botter

smör

de Quark

kvarg

de Koken

kaka

dat Ei

ägg

dat Spegelei

stekt ägg

de Kees

ost

de les
glass

de Zucker
socker

de Honnig
honung

de Marmelaad
sylt

de Nougat-Creme
nougatkräm

dat Curry
curry

de Buernhoff
bondgård

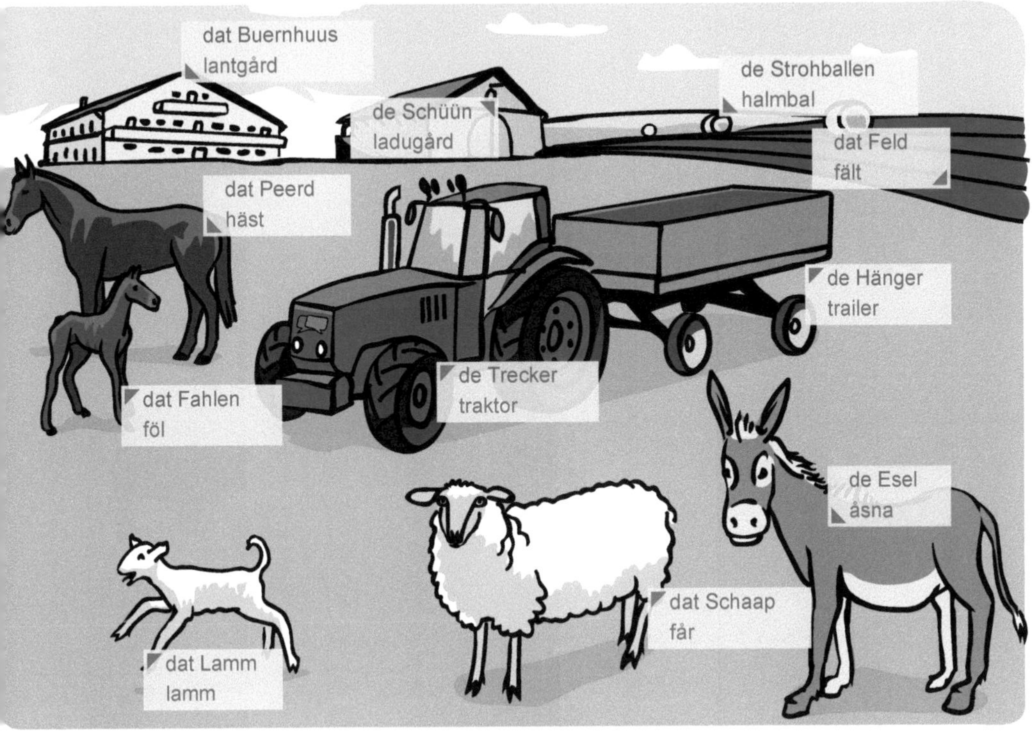
dat Buernhuus
lantgård
de Schüün
ladugård
de Strohballen
halmbal
dat Feld
fält
dat Peerd
häst
de Hänger
trailer
de Trecker
traktor
dat Fahlen
föl
de Esel
åsna
dat Schaap
får
dat Lamm
lamm

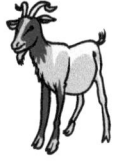

de Zeeg

get

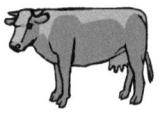

de Koh

ko

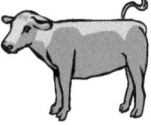

dat Kalf

kalv

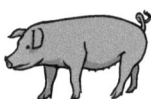

dat Swien

gris

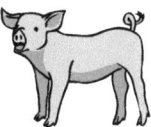

dat Farken

griskulting

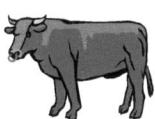

de Bull

tjur

de Goos

gås

de Aant

anka

dat Küken

kyckling

dat Hohn

höna

de Hahn

tupp

de Rott

råtta

de Katt

katt

de Muus

mus

de Oss

oxe

de Hund

hund

de Hunnenhütt

hundkoja

de Goornslauch

trädgårdsslang

de Geetkann

vattenkanna

de Lee

lie

de Ploog

plog

de Sich

skära

de Hack

hacka

de Mestfork

högaffel

de Ext

yxa

de Schuufkoor

skottkärra

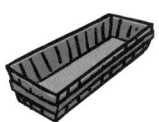

de Trog

tråg

de Melkkann

mjölkflaska

de Sack

säck

de Tuun

staket

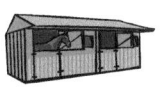

de Stall

stall

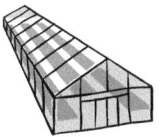

dat Drievhuus

växthus

de Bodden

jord

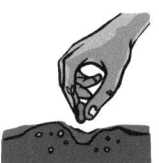

de Saat

säd

de Dünger

gödsel

de Meihdöscher

skördetröska

oornen

skörda

de Oorn

skörd

de Yamswöttel

jams

de Weten

vete

dat Soja

soja

de Kantüffel

potatis

de Törksche Weten

majs

de Rapp

raps

de Aaftboom

fruktträd

de Troopsch Kantüffel

maniok

dat Koorn

spannmål

dat Huus
hus

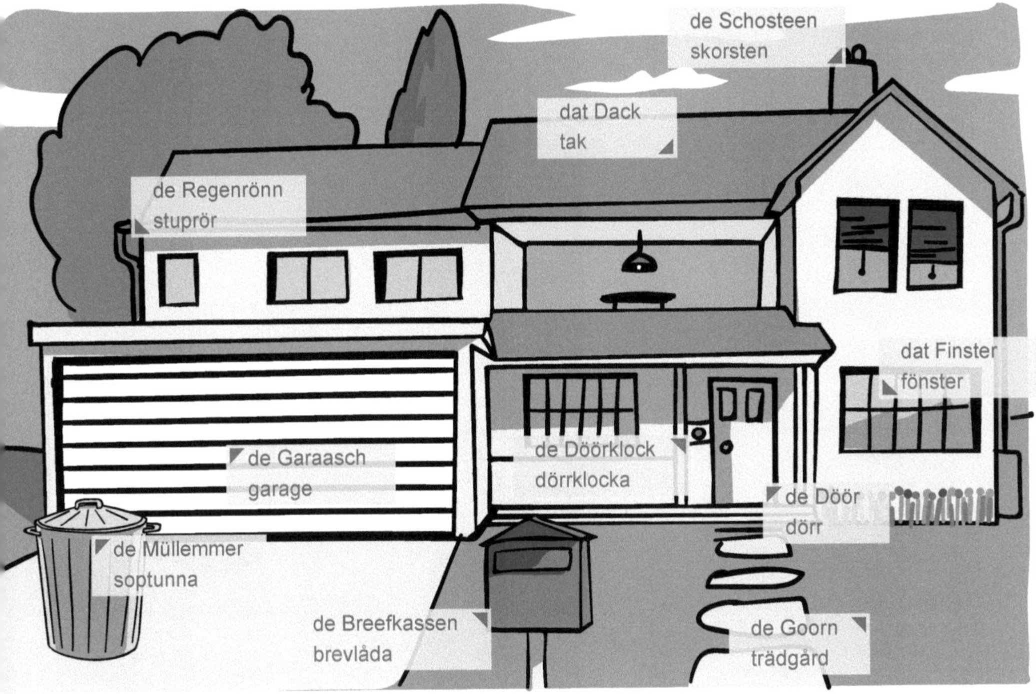

de Schosteen
skorsten
dat Dack
tak
de Regenrönn
stuprör
dat Finster
fönster
de Garaasch
garage
de Döörklock
dörrklocka
de Döör
dörr
de Müllemmer
soptunna
de Breefkassen
brevlåda
de Goorn
trädgård

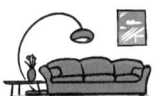

de Wahnstuuv
vardagsrum

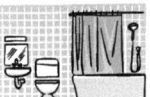

de Baadstuuv
badrum

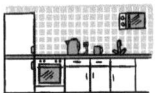

de Köök
kök

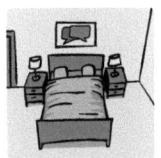

de Slaapstuuv
sovrum

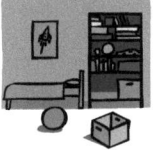

de Kinnerstuuv
barnrum

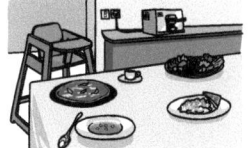

de Eetstuuv
matsal

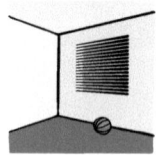

de Footbodden

golv

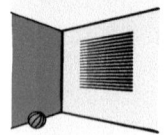

de Wand

vägg

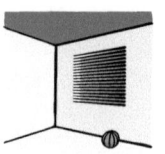

de Deek

tak

de Keller

källare

dat Hittluftbad

bastu

de Balkon

balkong

de Terrass

terrass

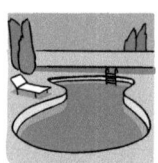

dat Swümmbad

bassäng

de Rasenmeiher

gräsklippare

de Bettbetog

lakan

de Bettdeek

överkast

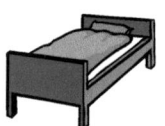

de Puuch

säng

de Bessen

kvast

de Emmer

hink

de Schalter

strömbrytare

de Wahnstuuv

vardagsrum

de Tapeet
tapet
dat Bild
bild
de Lamp
lampa
dat Regal
hylla
dat Schapp
skåp
de Kiekkassen
TV
de Kamin
eldstad
de Bloom
blomma
dat Küssen
kudde
dat Sofa
soffa
de Vaas
vas
de Feernbedenen
fjärrkontroll

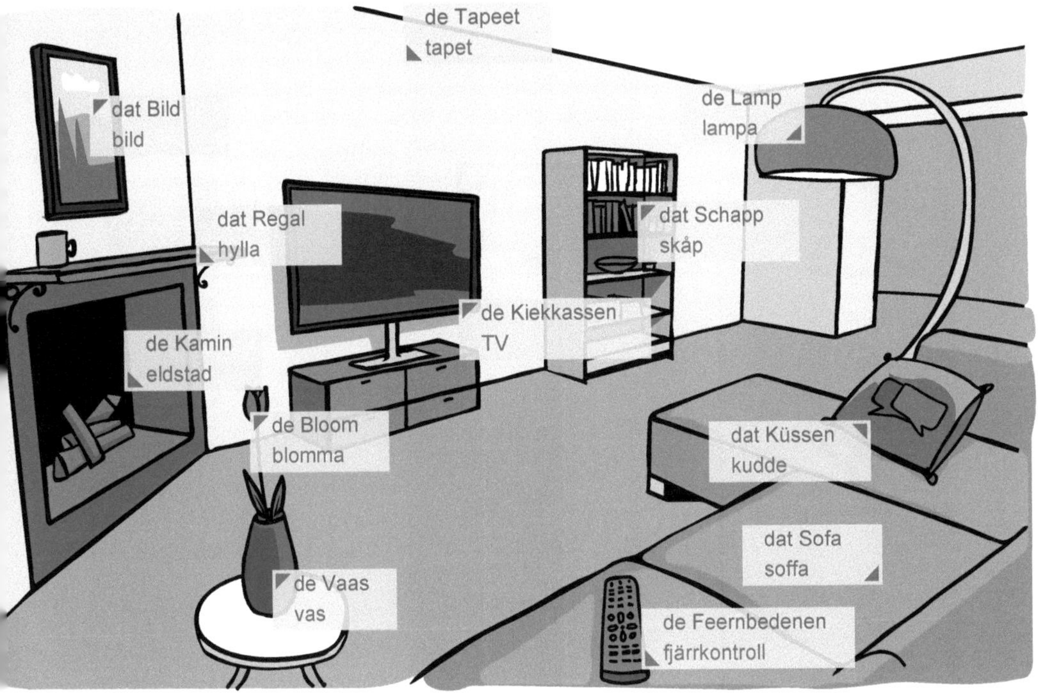

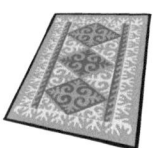

de Teppich

matta

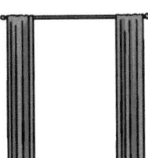

de Vörhang

gardin

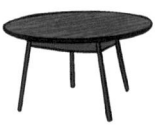

de Disch

bord

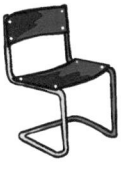

de Stohl

stol

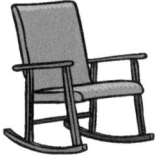

de Schuckelstohl

gungstol

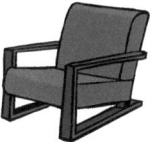

de Sessel

fåtölj

dat Book

bok

de Deek

filt

de Dekoratschoon

dekoration

dat Füerholt

vedträ

de Film

film

de Stereoanlaag

stereoanläggning

de Slötel

nyckel

dat Narichtenblatt

dagstidning

dat Gemälde

målning

dat Poster

poster

dat Radio

radio

de Opschrievblock

anteckningsbok

de Huulbessen

dammsugare

de Kaktus

kaktus

de Kars

stearinljus

de Köök
kök

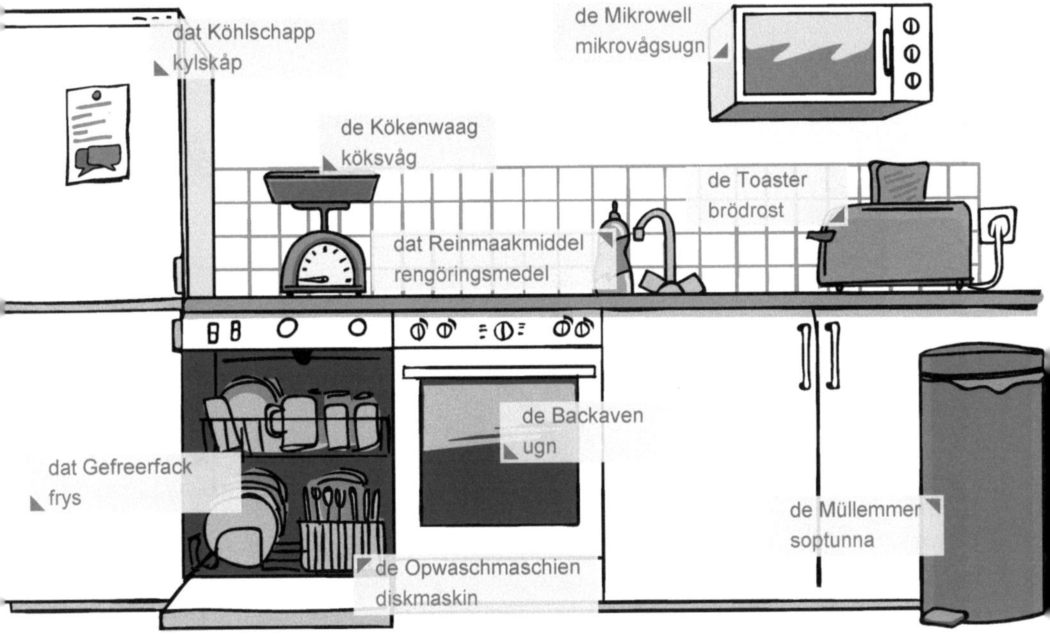

dat Köhlschapp
kylskåp
de Mikrowell
mikrovågsugn
de Kökenwaag
köksvåg
de Toaster
brödrost
dat Reinmaakmiddel
rengöringsmedel
de Backaven
ugn
dat Gefreerfack
frys
de Müllemmer
soptunna
de Opwaschmaschien
diskmaskin

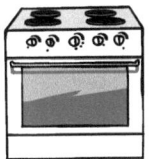

de Heerd

spis

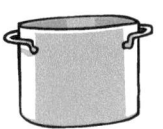

de Pott

kastrull

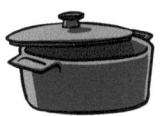

de Gussiesern Putt

järngryta

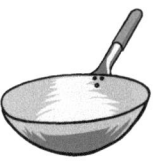

de Wok / Kadai

wok / kadai

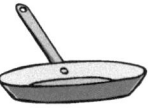

de Pann

stekpanna

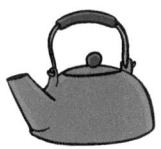

de Waterkaker

vattenkokare

de Dampkaakputt

ångkokare

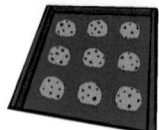

dat Backblick

bakplåt

dat Geschirr

porslin

de Beker

mugg

de Schaal

skål

de Eetsticken

ätpinnar

de Suppenkell

soppslev

de Pannenwenner

stekspade

de Sneebessen

visp

dat Kaakseef

durkslag

dat Seef

sil

de Riev

rivjärn

de Mörser

mortel

de Grill

grill

de Füerstell

brasa

dat Sniedbrett

skärbräda

dat Nudelholt

kavel

de Proppentrecker

korkskruv

de Doos

burk

de Dosenaapner

burköppnare

de Pottlappen

grytlapp

dat Waschbecken

vask

de Böst

borste

de Swamm

svamp

de Mixer

mixer

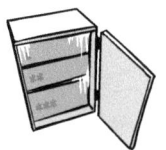

dat Iesschapp

frys

de Nuckelbuddel

nappflaska

de Waterhahn

kran

de Köök - kök

37

de Baadstuuv
badrum

de Heizung
värme
dat Handdook
handduk
de Bruus
dusch
de Bruusvörhang
duschdraperi
dat Schuumbad
bubbelbad
de Baadwann
badkar
dat Glas
glas
de Waschmaschien
tvättmaskin
de Waterhahn
kran
de Fliesen
kakel
de lütte Putt
potta
dat Waschbecken
vask

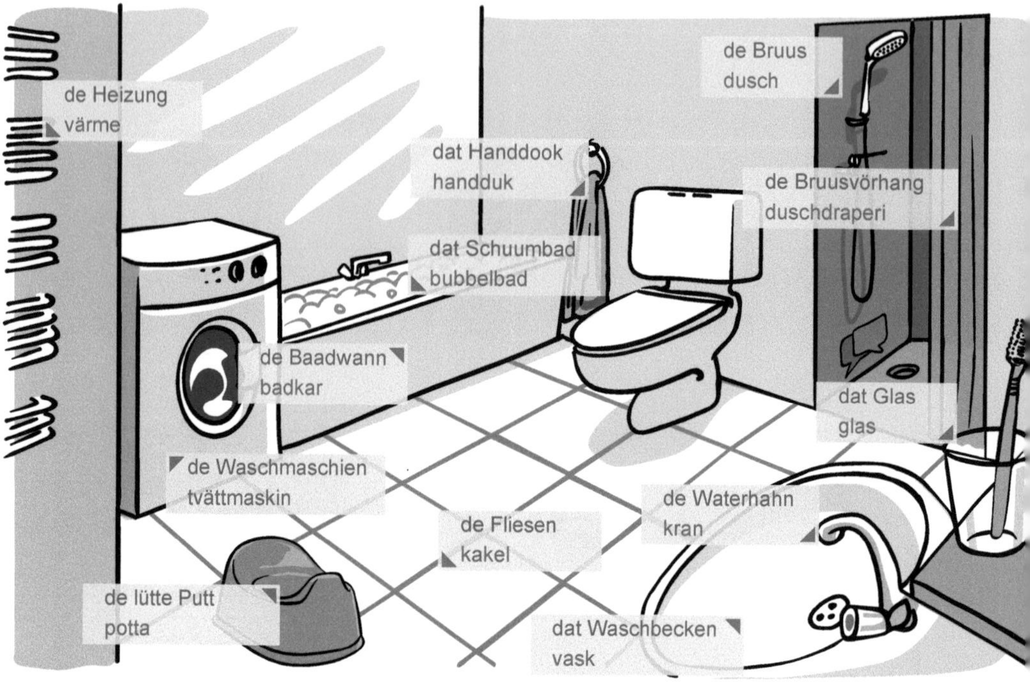

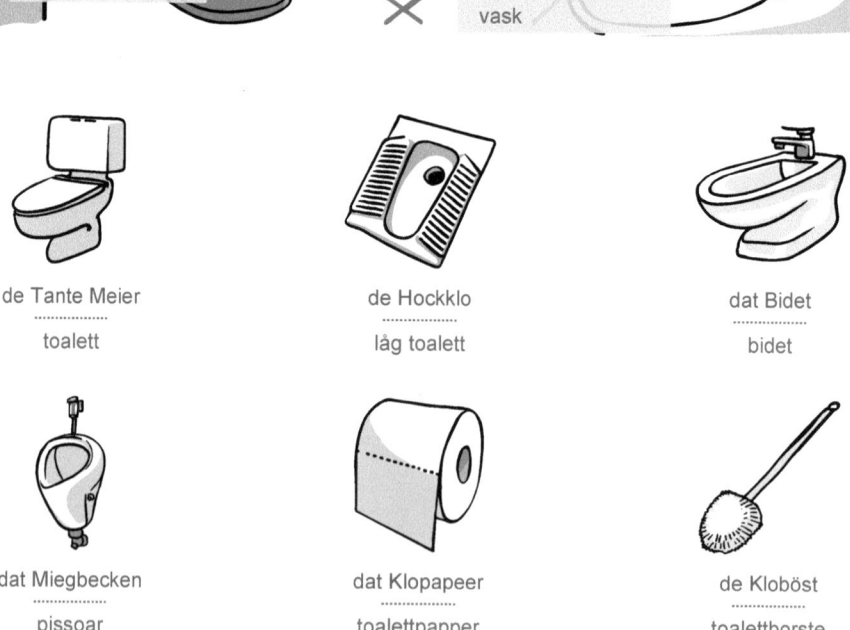

de Tante Meier

toalett

de Hockklo

låg toalett

dat Bidet

bidet

dat Miegbecken

pissoar

dat Klopapeer

toalettpapper

de Kloböst

toalettborste

de Tähnböst

tandborste

de Tähnpast

tandkräm

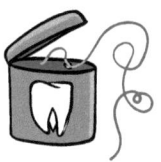

de Tähnsied

tandtråd

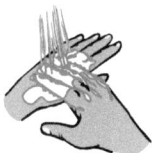

waschen

tvätta

de Handbruus

handdusch

de Intimbruus

intimdusch

de Waschschöttel

handfat

de Rüchböst

ryggborste

de Seep

tvål

dat Bruusgeel

duschgel

dat Hoorwaschmiddel

schampo

de Waschlappen

trasa

de Afloop

avlopp

de Creme

crème

dat Deodorant

deodorant

de Spegel

spegel

de Kosmetikspegel

handspegel

de Raserer

rakhyvel

de Raseerschuum

raklödder

dat Raseerwater

rakvatten

de Kamm

kam

de Böst

borste

de Hoordröger

hårtork

dat Hoorspray

hårspray

de Smink

smink

de Lippensticken

läppstift

de Nagellack

nagellack

de Watt

bomullsvadd

de Nagelscheer

nagelsax

dat Rüükwater

parfym

de Kulturbüdel

necessär

de Schemel

pall

de Waag

våg

de Baadmantel

badrock

de Gummihanschen

gummihandskar

de Tampon

tampong

de Damenbinn

binda

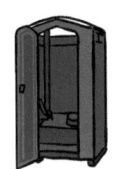

dat Chemieklo

kemisk toalett

de Kinnerstuuv
barnrum

de Wecker
väckarklocka
dat Knudeldeert
gosedjur
dat Speeltüüchauto
leksaksbil
de Klöter
skallra
dat Poppenhuus
dockhus
dat Geschenk
present

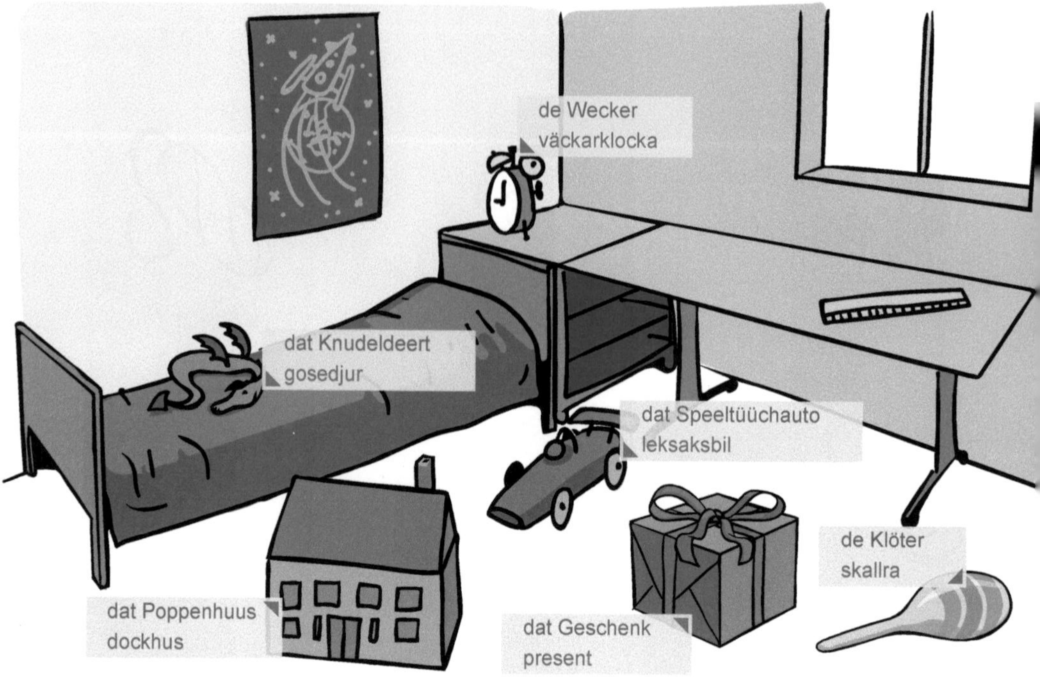

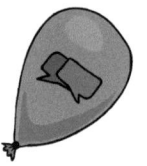

de Luftballon
....
ballong

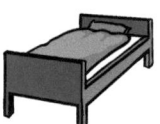

de Puuch
....
säng

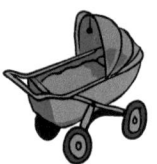

de Kinnerwagen
....
barnvagn

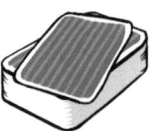

dat Koortenspeel
....
kortlek

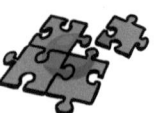

dat Puzzle
....
pussel

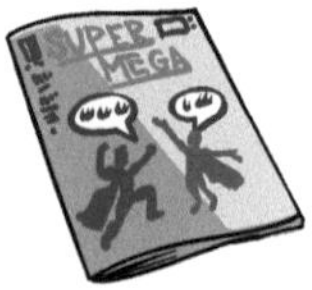

de Billergeschicht
....
serietidning

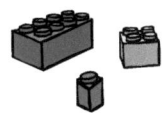

de Legostenen

legobitar

de Bustenen

klossar

de Action-Figur

actionfigur

de Strampelantog

sparkdräkt

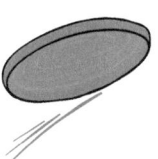

de Frisbeeschiev

frisbee

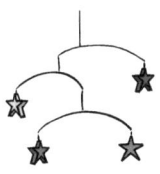

dat Mobile

mobil

dat Brettspeel

brädspel

de Wörpel

tärning

de Modelliesenbahn

modelljärnväg

de Snuller

napp

de Party

party

dat Billerbook

bilderbok

de Ball

boll

de Popp

docka

spelen

spela

de Sandkassen

sandlåda

de Schuckel

gunga

dat Speeltüüch

leksaker

de Speelkonsool

spelkonsol

dat Dreerad

trehjuling

de Teddyboor

nalle

dat Klederschapp

garderob

dat Tüüch
kläder

de Socken

sockar

de Strümp

strumpor

de Strumpbüx

tights

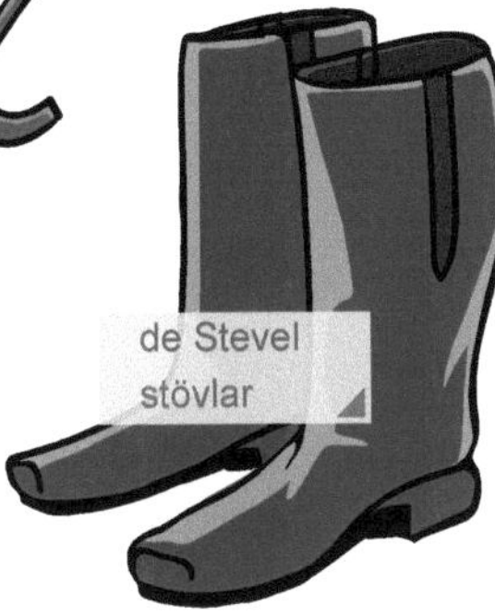

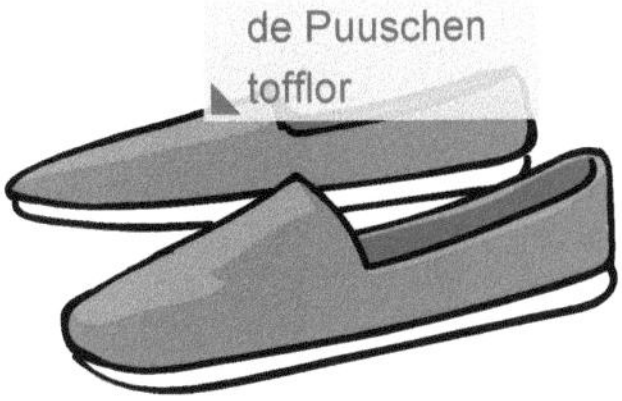

dat Halsdook
halsduk

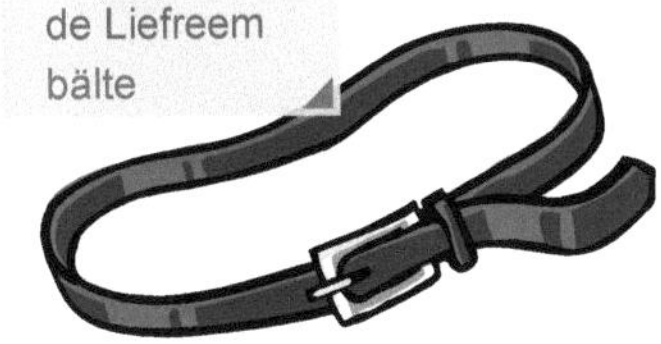

de Liefreem
bälte

de Paraplü
paraply

dat T-Shirt
t-shirt

de Stevel
stövlar

de Puuschen
tofflor

de Turnschoh
sneakers

de Sandalen
....
sandaler

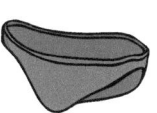

de Schoh
....
skor

de Gummistevel
....
gummistövlar

de Ünnerbüx
....
underbyxor

de Bostholler
....
BH

dat Ünnerhemd
....
linne

dat Tüüch - kläder

45

de Lief

body

de Büx

byxor

de Jeansnüx

jeans

de Rock

kjol

de Bluus

blus

dat Hemd

skjorta

de Pullover

pullover

de Kapuzenpullover

sweater

de Blazer

blazer

de Jack

jacka

de Mantel

kappa

de Övertrecker

regnjacka

dat Kostüm

dräkt

dat Kleed

klänning

dat Hochtietskleed

bröllopsklänning

de Antog

kostym

dat Nachtkleed

nattlinne

de Slaapantog

pyjamas

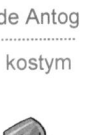

de Sari

sari

dat Koppdook

slöja

de Turban

turban

de Burka

burka

de Kaftan

kaftan

de Abaya

abaya

de Baadantog

baddräkt

de Baadbüx

badbyxor

de Korte Büx

shorts

de Antog to'n Öven

träningsoverall

de Schört

förkläde

de Handschoh

handskar

de Knopp

knapp

de Brill

glasögon

dat Armband

armband

de Halskeed

halsband

de Ring

ring

de Ohrbummel

örhänge

de Mütz

mössa

de Klederbögel

galge

de Hoot

hatt

de Binner

slips

de Rietslüter

dragkedja

de Helm

hjälm

dat Drachtband

hängslen

de Schooluniform

skoluniform

de Uniform

uniform

de Severböten

haklapp

de Snuller

napp

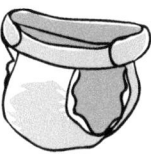

de Winnel

blöja

dat Büro
kontor

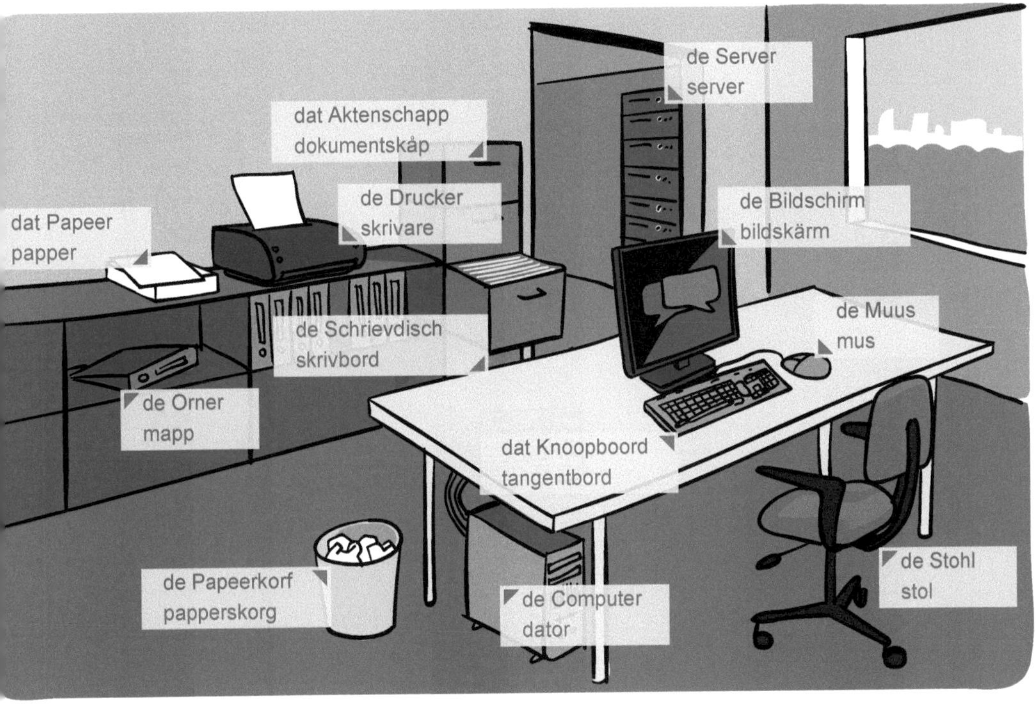

de Server
server

dat Aktenschapp
dokumentskåp

de Drucker
skrivare

dat Papeer
papper

de Bildschirm
bildskärm

de Schrievdisch
skrivbord

de Muus
mus

de Orner
mapp

dat Knoopboord
tangentbord

de Papeerkorf
papperskorg

de Stohl
stol

de Computer
dator

de Koffiebeker

kaffemugg

de Taschenreekner

miniräknare

dat Internet

internet

de Klappreekner

bärbar dator

de Breef

brev

de Naricht

meddelande

de Ackersnacker

mobiltelefon

dat Nettwark

nätverk

de Kopeerapparat

kopieringsapparat

de Software

programvara

de Klöönkassen

telefon

de Steekdoos

vägguttag

de Faxapparat

fax

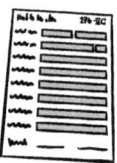

dat Formulor

blankett

dat Dokument

dokument

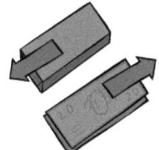

köpen

köpa

betahlen

betala

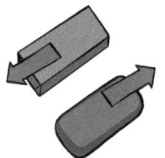

hanneln

handla

dat Geld

pengar

 USD

de Dollar

dollar

 EUR

de Euro

euro

 JPY

de Yen

yen

 RUB

de Ruvel

rubel

 CHF

de Swiezer Franken

schweizisk franc

 CNY

de Renminbi Yuan

renminbi yan

 INR

de Rupie

rupie

de Geldautomat

bankomat

de Wesselstuuv

växelkontor

dat Gold

guld

dat Sülver

silver

dat Ööl

olja

de Energie

energi

de Pries

pris

de Verdrag

kontrakt

de Stüer

skatt

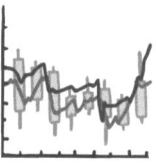

de Andeelschien

aktie

arbeiden

arbeta

de Anstellte

anställd

de Arbeitgever

arbetsgivare

de Fabrik

fabrik

de Hökerie

affär

de Profeschonen
yrken

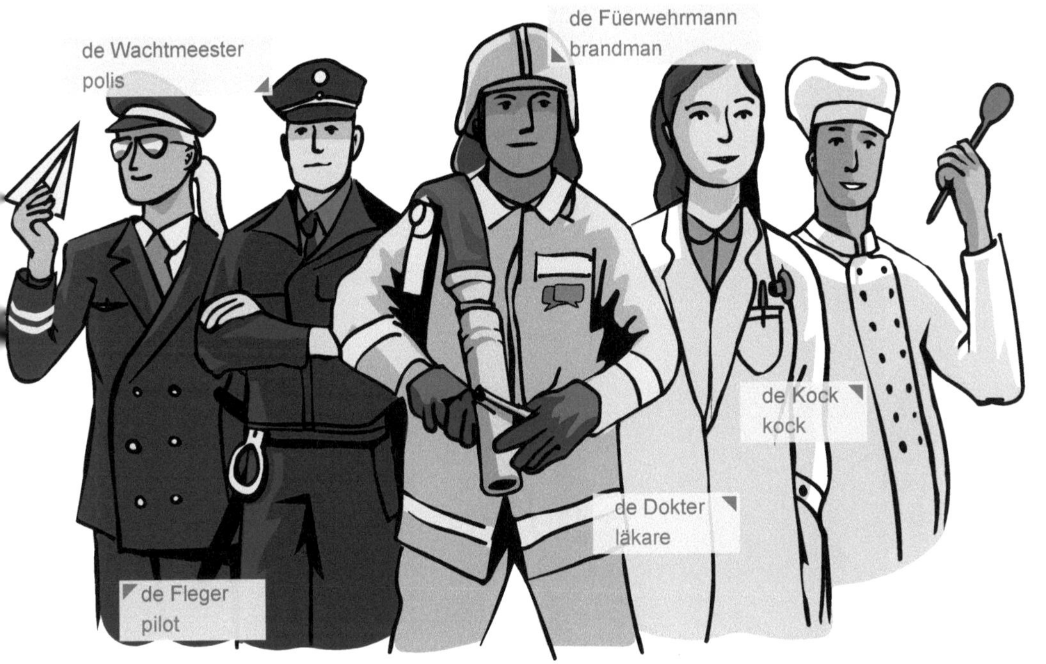
de Füerwehrmann
brandman
de Wachtmeester
polis
de Kock
kock
de Dokter
läkare
de Fleger
pilot

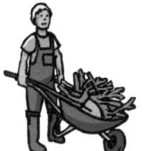

de Goorner
trädgårdsmästare

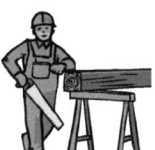

de Discher
snickare

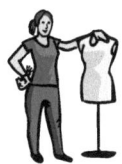

de Neihersche
sömmerska

de Richter
domare

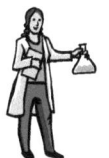

de Chemiker
kemist

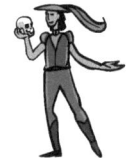

de Schauspeler
skådespelare

de Busfohrer

busschaufför

de Taxifohrer

taxichaufför

de Fischer

fiskare

de Reinmaakfru

städerska

de Dackdecker

takläggare

de Kellner

servitör

de Jäger

jägare

de Maler

målare

de Bäcker

bagare

de Elektriker

elektriker

de Buarbeider

byggarbetare

de Ingenieur

ingenjör

de Slachter

slaktare

de Klempner

rörmokare

de Postbüdel

brevbärare

de Profeschonen - yrken

de Suldat

soldat

de Architekt

arkitekt

de Kasserer

kassör

de Florist

florist

de Putzbüdel

frisör

de Schaffner

konduktör

de Mechaniker

mekaniker

de Kaptein

kapten

de Tähndokter

tandläkare

de Wetenschopler

vetenskapsman

de Rabbi

rabbin

de Imam

imam

de Mönk

munk

de Paap

präst

dat Warktüüch

verktyg

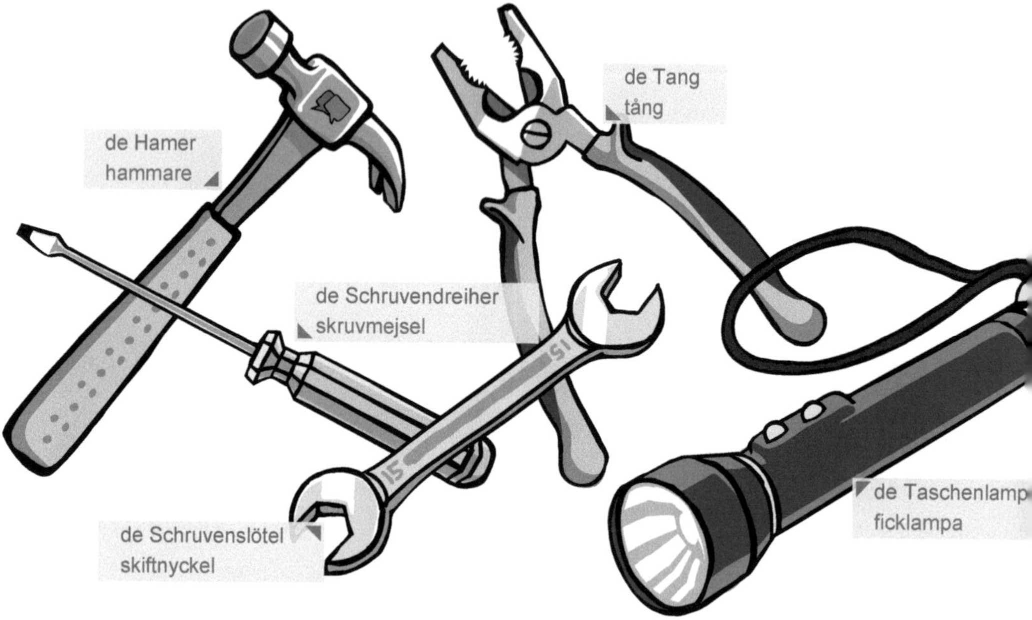

de Hamer
hammare
de Tang
tång
de Schruvendreiher
skruvmejsel
de Schruvenslötel
skiftnyckel
de Taschenlamp
ficklampa

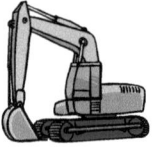

de Grieper

grävmaskin

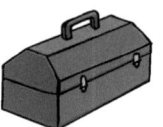

de Warktüüchkassen

verktygslåda

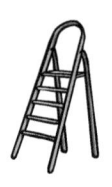

de Ledder

stege

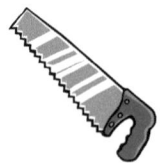

de Saag

såg

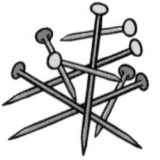

de Nagels

spik

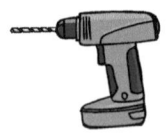

de Bohrer

borr

heelmaken
....
reparera

de Schüffel
....
spade

Schiet!
....
Helvete!

dat Kehrblick
....
sopskyffel

de Farvpott
....
färgburk

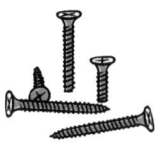

de Schruven
....
skruvar

de Musikinstrumenten
musikinstrument

de Luutsnacker
högtalare

dat Slagtüüch
trummor

de Bass-Vigelien
kontrabas

de Trumpeet
trumpet

de Rietfiedel
gitarr

dat Klaveer

piano

de Vigelien

violin

de Bass

bas

de Pauk

timpani

de Trummeln

trumma

dat Keyboard

keyboard

dat Saxophon

saxofon

de Fleut

flöjt

dat Mikrofoon

mikrofon

de Deertenpark

zoo

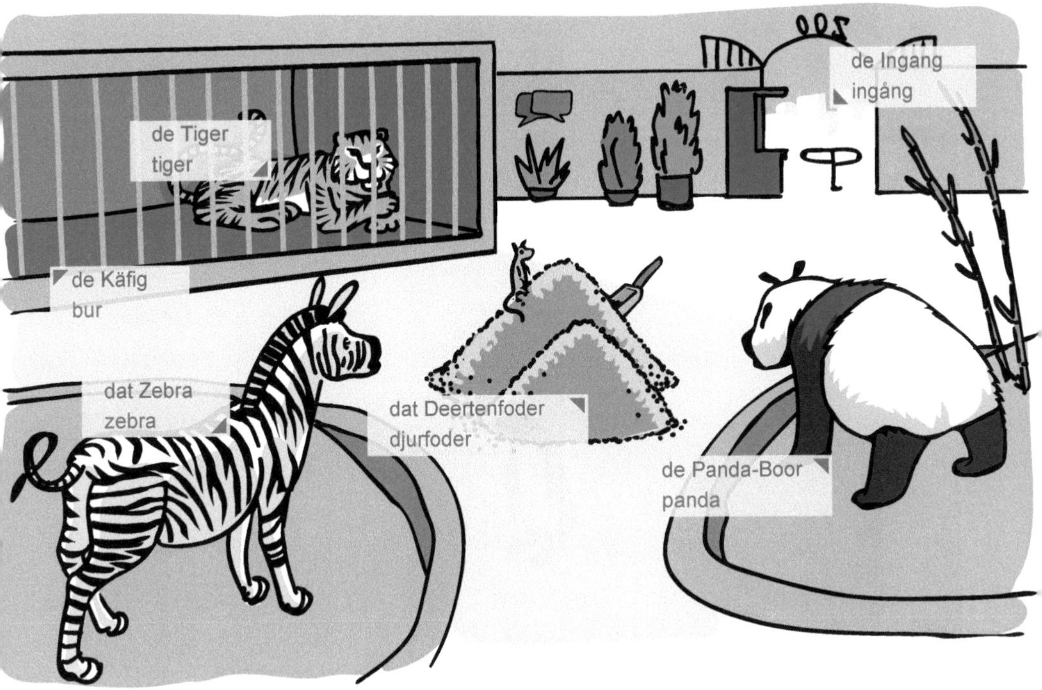
de Tiger
tiger
de Ingang
ingång
de Käfig
bur
dat Zebra
zebra
dat Deertenfoder
djurfoder
de Panda-Boor
panda

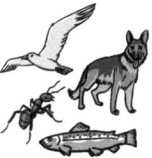

de Deerten

djur

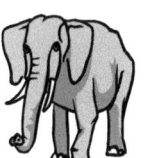

de Elefant

elefant

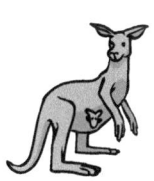

dat Känguru

känguru

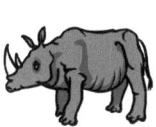

dat Neeshoorn

noshörning

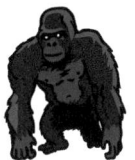

de Gorilla

gorilla

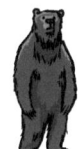

de Boor

björn

dat Kameel

kamel

de Struuß

struts

de Lööv

lejon

de Aap

apa

de Flamingo

flamingo

de Papagoi

papegoja

de Iesboor

isbjörn

de Pinguin

pingvin

de Haifisch

haj

de Pageluun

påfågel

de Slang

orm

dat Krokodil

krokodil

de Oppasser in'n
Deertenpark
djurskötare

de Saalhund

säl

de Jaguor

jaguar

dat Pony

ponny

de Leopard

leopard

dat Nilpeerd

flodhäst

de Giraff

giraff

de Aadler

örn

dat Wildswien

vildsvin

de Fisch

fisk

de Schildkrööt

sköldpadda

dat Walross

valross

de Voss

räv

de Gazell

gazell

de Sport
sport

de Amerikaansch Football
amerikansk fotboll

dat Radfohren
cykling

dat Tennis
tennis

de Korfball
basket

dat Swümmen
simning

dat Boxen
boxning

dat Ieshockey
ishockey

de Football
fotboll

dat Fedderball
badminton

de Leichtathletik
friidrott

de Handball
handboll

dat Skilopen
skidåkning

dat Polo
polo

de Aktivitäten
aktiviteter

springen
hoppa
ümarmen
krama
lachen
skratta
gahn
gå
singen
sjunga
drömen
drömma
beden
be
snuteln
kyssa

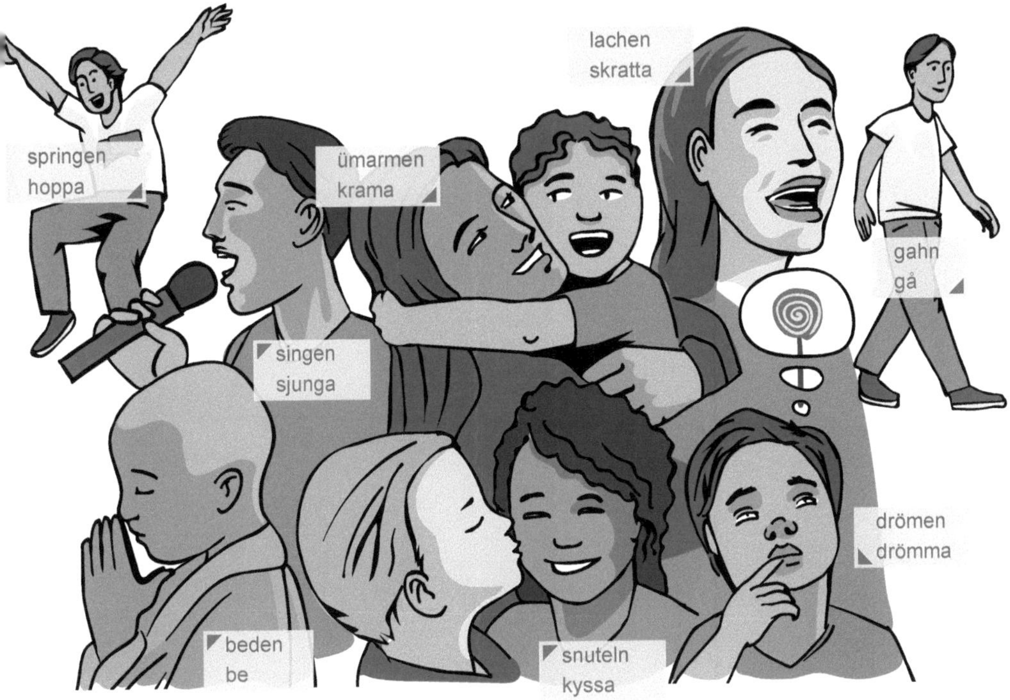

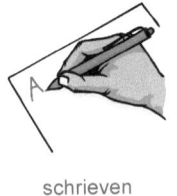

schrieven

skriva

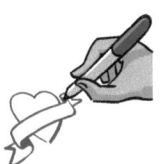

teken

rita

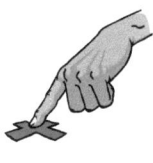

wiesen

visa

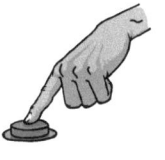

drücken

skjuta

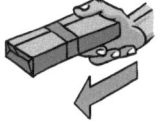

geven

ge

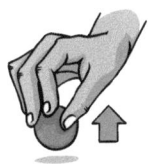

nehmen

ta

hebben

hagel

doon

göra

sien

vara

stahn

stå

lopen

springa

trecken

dra

smieten

kasta

fallen

falla

liggen

ligga

töven

vänta

dregen

bära

sitten

sitta

antrecken

klä på

slapen

sova

opwaken

vakna

ankieken

se på

wenen

gråta

eien

smeka

kämmen

kamma

snacken

prata

verstahn

förstå

fragen

fråga

hören

höra

drinken

dricka

eten

äta

oprümen

städa

leefhebben

älska

kaken

laga mat

fohren

köra

flegen

flyga

segeln
....
segla

reken
....
räkna

lesen
....
läsa

lehren
....
lära sig

arbeiden
....
arbeta

de Plünnen tohoopsmieten
....
gifta sig

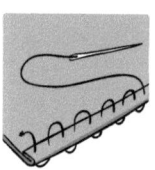

neihen
....
sy

Tähnen putzen
....
borsta tänderna

dootmaken
....
döda

smöken
....
röka

schicken
....
skicka

de Grootmoder
normor/farmor

de Grootvadder
morfar/farfar

de Vadder
pappa

de Moder
mamma

at Winnelkind
aby

de Dochter
dotter

de Söhn
son

de Gast

gäst

de Tant

moster/faster

de Unkel

farbror/morbror

de Broder

bror

de Süster

syster

de Lief
kropp

de Vörkopp
panna
dat Oog
öga
de Schuller
skuldra
de Finger
finger
dat Gesicht
ansikte
dat Kinn
haka
de Hand
hand
dat Been
ben
de Bost
bröst
de Arm
arm

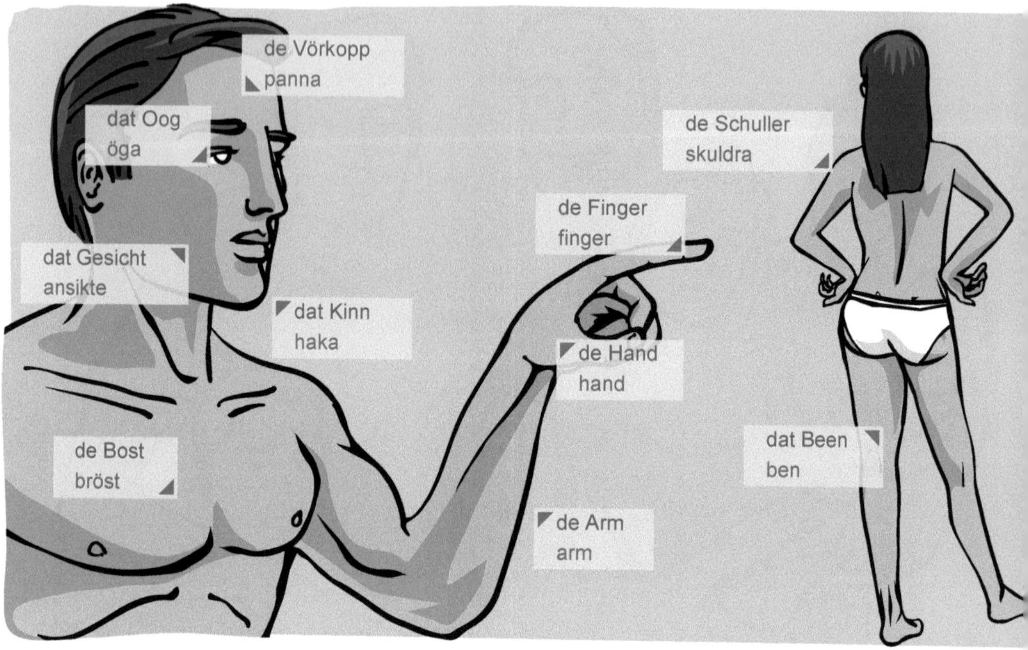

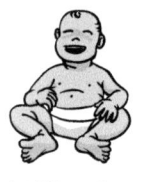

dat Winnelkind
baby

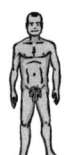

de Mann
man

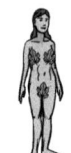

de Fro
kvinna

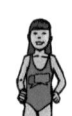

de Deern
flicka

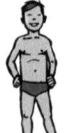

de Jung
pojke

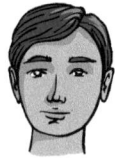

de Arm
huvud

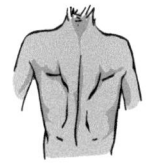

de Rüch

rygg

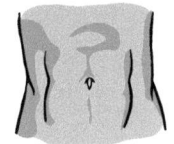

de Buuk

mage

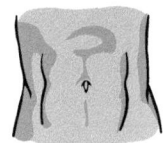

de Navel

navel

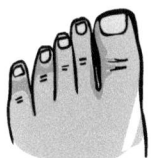

de Teh

tå

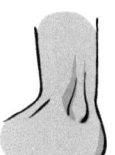

de Hack

häl

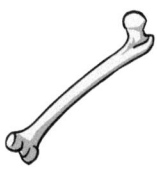

de Knaken

ben

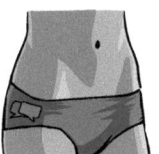

de Hüft

höft

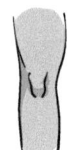

dat Knee

knä

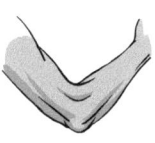

de Ellbagen

armbåge

de Nees

näsa

de Achtersen

stjärt

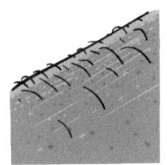

de Huut

hud

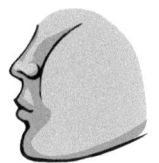

de Back

kind

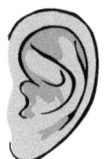

dat Ohr

öra

de Lipp

läpp

de Mund

mun

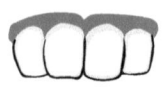

de Tähn

tand

de Tung

tunga

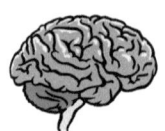

de Bregen

hjärna

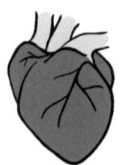

dat Hart

hjärta

de Muskel

muskel

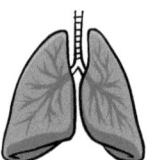

de Lung

lunga

de Lever

lever

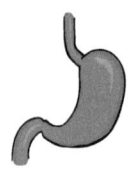

de Maag

magsäck

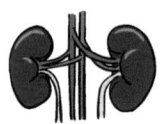

de Neren

njurar

de Bislaap

sex

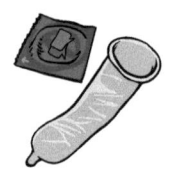

dat Kondoom

kondom

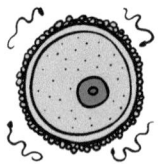

de Eizell

äggcell

dat Sperma

sperma

de Anner Ümstänn

graviditet

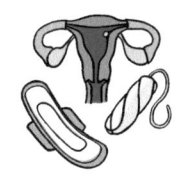

de Menstruatschoon

menstruation

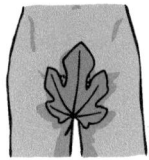

de Scheed

vagina

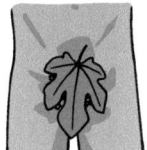

de Pint

penis

de Ogenbroe

ögonbryn

dat Hoor

hår

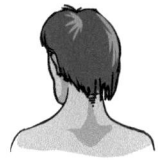

de Hals

nacke

dat Krankenhuus
sjukhus

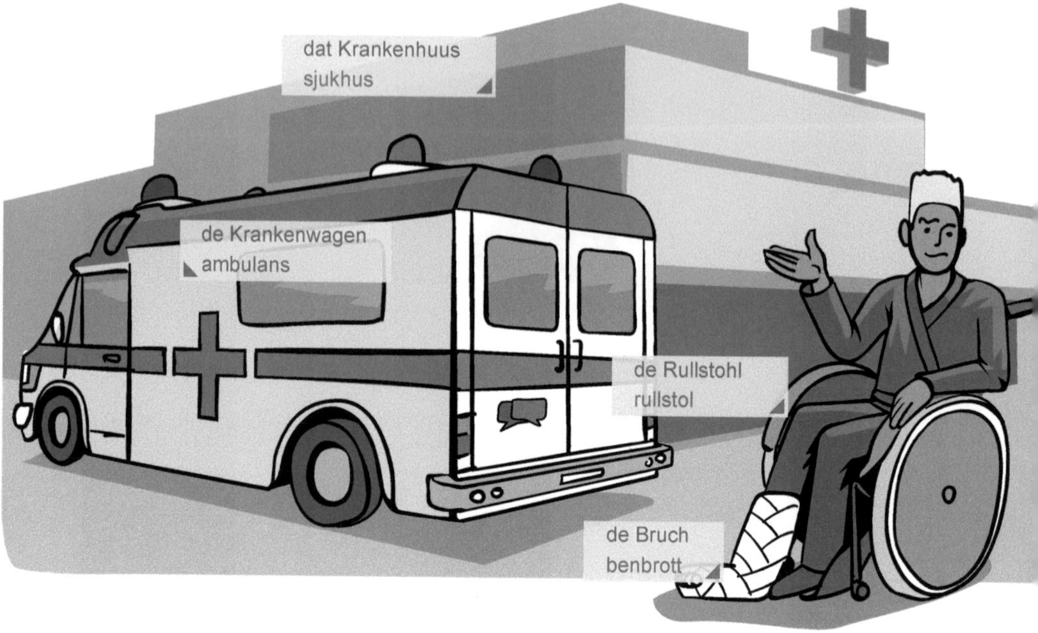

dat Krankenhuus
sjukhus
de Krankenwagen
ambulans
de Rullstohl
rullstol
de Bruch
benbrott

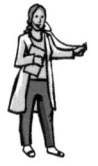

de Dokter
läkare

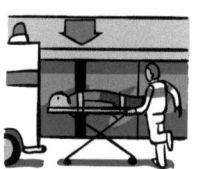

de Nootopnahm
akutmottagning

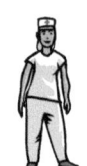

de Krankensüster
sjuksköterska

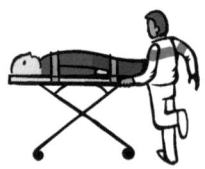

de Nootfall
nödsituation

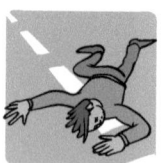

ahnmächtig
medvetslös

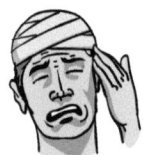

de Wehdaag
smärta

de Verwunnen

skada

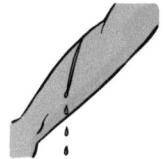

de Blöden

blödning

de Hartinfarkt

hjärtattack

de Slaganfall

slaganfall

de Allergie

allergi

de Hoosten

hosta

dat Fever

feber

de Gripp

influensa

de Dörchfall

diarré

de Koppwehdaag

huvudvärk

de Kreeft

cancer

de Zuckersüük

diabetes

de Chirurg

kirurg

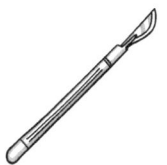

dat Chirurgsch Mess

skalpell

de Operatschoon

operation

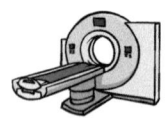

dat CT

CT

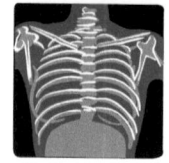

de Dörchlüchten

röntgen

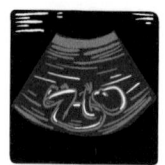

de Ultraschall

ultraljud

de Mask

ansiktsmask

de Krankheit

sjukdom

de Töövruum

väntsal

de Krück

krycka

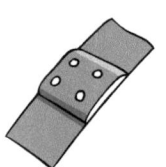

dat Plaaster

plåster

de Verband

bandage

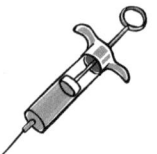

de Insprütten

injektion

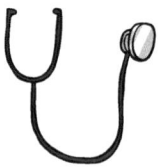

dat Stethoskop

stetoskop

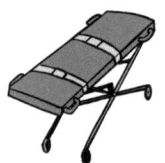

de Draag

bår

dat Feverthermometer

termometer

de Geboort

födsel

dat Övergewicht

övervikt

de Höörapparat

hörapparat

dat Kiemfriemiddel

desinfektionsmedel

de Ansteken

infektion

de Virus

virus

dat HIV / AIDS

HIV / AIDS

dat Heelmiddel

medicin

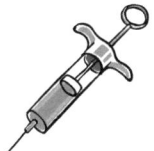

de Impen

vaccination

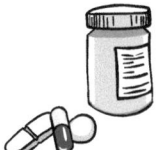

de Tabletten

tabletter

de Pill

p-piller

de Nootroop

nödsamtal

de Blootdruck-Meter

blodtrycksmätare

krank / gesund

sjuk / frisk

Hölp!

Hjälp!

de Alarm

alarm

de Överfall

överfall

de Angreep

misshandel

de Gefohr

fara

de Nootutgang

nödutgång

dat Füer!

Det brinner!

de Füerlöscher

brandsläckare

de Unfall

olycka

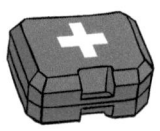

de Noothölpkoffer

förbandslåda

SOS

SOS

de Polizei

polis

Europa

Europa

Noordamerika

Nordamerika

Süüdamerika

Sydamerika

Afrika

Afrika

Asien

Asien

Australien

Australien

de Atlantik

Atlanten

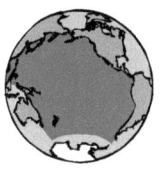

de Pazifik

Stilla Havet

dat Indisch Weltmeer

Indiska Oceanen

dat Antarktisch Weltmeer

Antarktiska Oceanen

dat Arktisch Weltmeer

Arktiska Oceanen

de Noordpol

Nordpol

de Süüdpol

Sydpol

de Antarktis

Antarktis

de Eerd

Jorden

dat Land

land

de See

hav

dat Eiland

ö

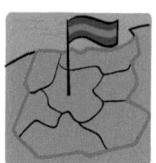

de Natschoon

nation

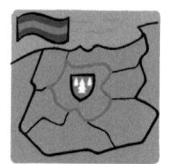

de Staat

stat

dat Tallenblatt

urtavla

de Stunnenwieser

timvisare

de Minutenwieser

minutvisare

de Sekunnenwieser

sekundvisare

Wo laat is dat?

Vad är klockan?

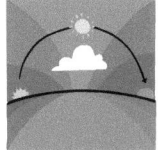

de Dag

dag

de Tiet

tid

nu

nu

de digetaalsch Klock

digital klocka

de Minuut

minut

de Stunn

timme

de Week
vecka

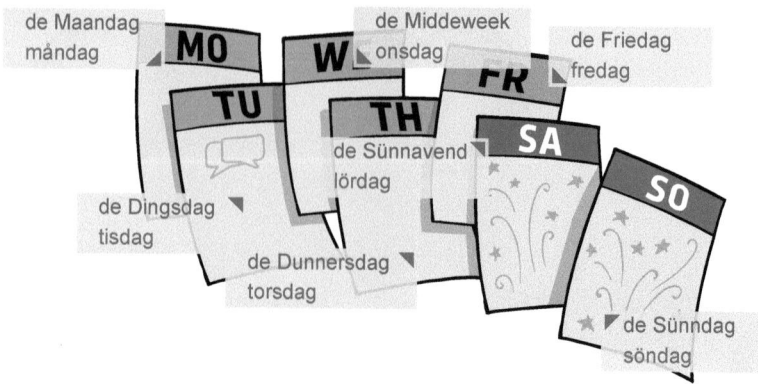

de Maandag
måndag

de Dingsdag
tisdag

de Middeweek
onsdag

de Dunnersdag
torsdag

de Friedag
fredag

de Sünnavend
lördag

de Sünndag
söndag

güstern
igår

hüüt
idag

morgen
imorgon

de Morgen
morgon

de Meddag
middag

de Avend
kväll

MO	TU	WE	TH	FR	SA	SU
1	2	3	4	5	6	7
8	9	10	11	12	13	14
15	16	17	18	19	20	21
22	23	24	25	26	27	28
29	30	31	1	2	3	4

de Arbeitsdaag
vardagar

MO	TU	WE	TH	FR	SA	SU
1	2	3	4	5	6	7
8	9	10	11	12	13	14
15	16	17	18	19	20	21
22	23	24	25	26	27	28
29	30	31	1	2	3	4

dat Wekenenn
helg

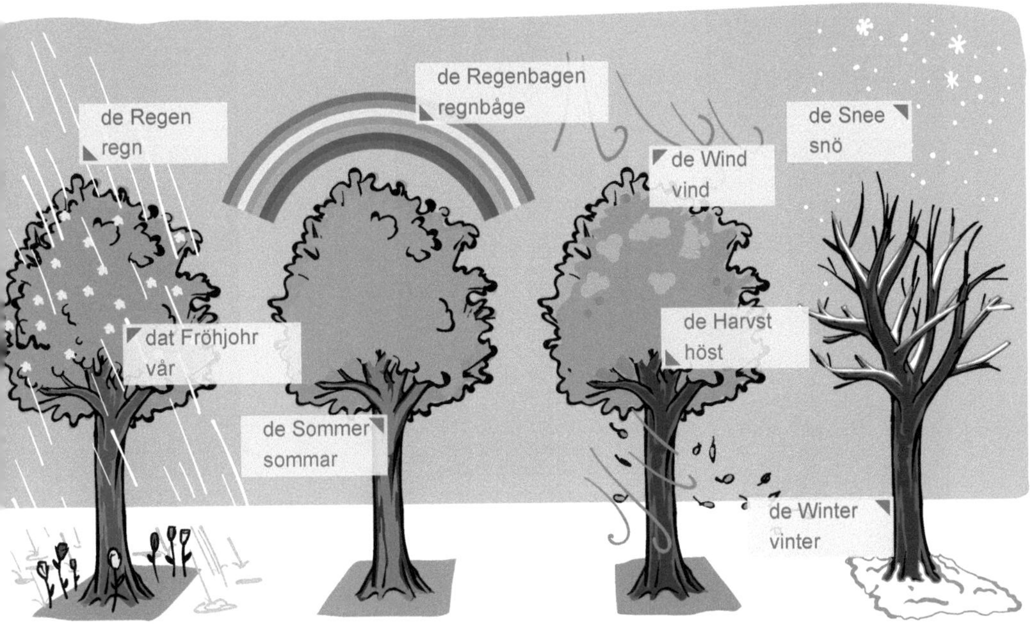

de Regen
regn

de Regenbagen
regnbåge

de Snee
snö

de Wind
vind

dat Fröhjohr
vår

de Harvst
höst

de Sommer
sommar

de Winter
vinter

4.APRIL	11°	☀
5.APRIL	4°	☁
6.APRIL	13°	☁
7.APRIL	8°	☀
8.APRIL	10°	☀

de Wedervörhersaag

väderprognos

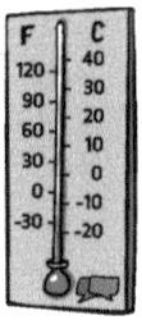

dat Thermometer

termometer

de Sünnenschien

solsken

de Wulk

moln

de Nevel

dimma

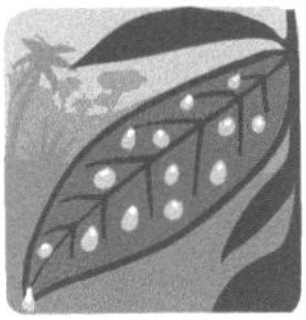

de Luftfuchtigkeit

luftfuktighet

de Blitz

blixt

de Dunner

åska

de Storm

storm

de Hagel

hagel

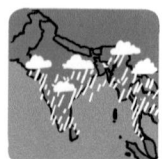

de Monsun

monsun

de Floot

översvämning

dat Ies

is

de Januormaand

januari

de Februormaand

februari

de Martmaand

mars

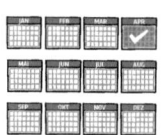

de Aprilmaand

april

de Maimaand

maj

de Junimaand

juni

de Julimaand

juli

de Augustmaand

augusti

de Septembermaand

september

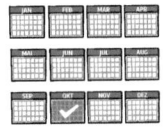

de Oktobermaand

oktober

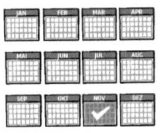

de Novembermaand

november

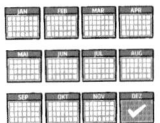

de Dezembermaand

december

de Formen
former

de Krink

cirkel

dat Quadrat

kvadrat

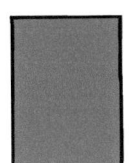

dat Rechteck

rektangel

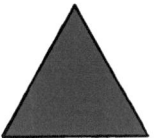

dat Dreeeck

triangel

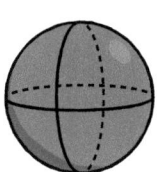

de Kugel

sfär

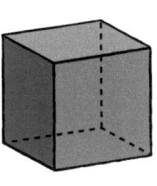

de Wörpel

kub

de Farven
färger

witt

vit

geel

gul

orangsch

orange

pink

rosa

root

röd

lila

lila

blau

blå

gröön

grön

bruun

brun

gries

grå

swart

svart

veel / wenig

mycket / lite

böös / verdreeglich

arg / lugn

smuck / mies

vacker / ful

de Begünn / dat Enn

början / slut

groot / lütt

stor / liten

hell / düüster

ljus / mörk

de Broder / de Süster

bror / syster

schier / schietig

ren / smutsig

kumpleet / nich kumpleet

komplett / ofullständig

de Dag / de Nacht

dag / natt

doot / lebennig

död / levande

breet / small

bred / smal

geneetbor / nich geneetbor

ätlig / oätlig

böös / fründlich

ond / god

fickerig / langwielt

upphetsad / uttråkad

dick / dünn

tjock / smal

toeerst / toletzt

först / sist

de Fründ / de Fiend

vän / fiende

vull / leddig

full / tom

hart / week

hård / mjuk

swoor / licht

tung / lätt

de Smacht / de Döst

hunger / törst

krank / gesund

sjuk / frisk

nich na't Recht / na't Recht

olaglig / laglig

klook / dummerhaftig

intelligent / dum

linkerhand / rechterhand

vänster / höger

neeg / feern

nära / långt bort

nieg / bruukt
ny / begagnad

nix / wat
inget / något

oolt / jung
gammal / ung

an / ut
på / av

apen / slaten
öppen / stängd

lies / luut
tyst / högljudd

riek / arm
rik / fattig

richtig / verkehrt
rätt / fel

ruug / glatt
grov / slät

trurig / glücklich
ledsen / glad

kort / lang
kort / lång

suutje / flink
långsam / snabb

natt / dröög
våt / torr

warm / köhl
varm / sval

de Krieg / de Freden
krig / fred

0	**1**	**2**
null	een	twee
noll	ett	två

3	**4**	**5**
dree	veer	fief
tre	fyra	fem

6	**7**	**8**
söss	söven	acht
sex	sju	åtta

9	**10**	**11**
negen	teihn	ölven
nio	tio	elva

12

twölf

tolv

13

dörteihn

tretton

14

veerteihn

fjorton

15

föffteihn

femton

16

sössteihn

sexton

17

söventeihn

sjutton

18

achtteihn

arton

19

negenteihn

nitton

20

twintig

tjugo

100

hunnert

hundra

1.000

dusend

tusen

1.000.000

million

miljon

de Spraken
språk

dat Engelsch

engelska

dat Amerikaansch Engelsch

amerikansk engelska

dat Chineesch Mandarin

kinesisk mandarin

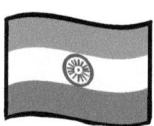

dat Hindi

hindi

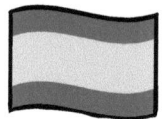

dat Spaansch

spanska

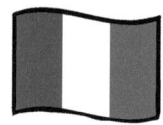

dat Franzöösch

franska

dat Araabsch

arabiska

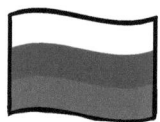

dat Rusch

ryska

dat Portugiesch

portugisiska

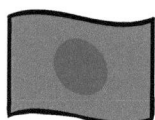

dat Bengaalsch

bengali

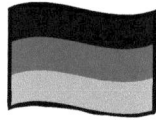

dat Düütsch

tyska

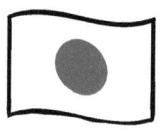

dat Japaansch

japanska

ik

jag

du

du

he / se / dat

han / hon / den (det)

wi

vi

ji

ni

se

de

keen?

vem?

wat?

vad?

woans?

hur?

woneem?

var?

wannehr?

när?

de Naam

namn

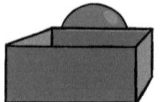

achter

bakom

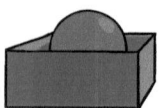

in

i

vör

framför

över

över

op

på

ünner

under

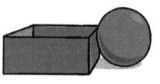

blangen

bredvid

twüschen

mellan

de Oort

plats